AF313299

CATALOGUE

DES

OBJETS D'ART ANCIENS

ET DES

LIVRES RARES ET CURIEUX

COMPOSANT LA COLLECTION

DE FEU M. E. VAN DRIVAL

CHANOINE TITULAIRE
SECRÉTAIRE-GÉNÉRAL DE L'ACADÉMIE D'ARRAS
MEMBRE DES COMMISSIONS DU MUSÉE ET DE LA BIBLIOTHÈQUE
VICE-PRÉSIDENT DE LA COMMISSION DES MONUMENTS HISTORIQUES
OFFICIER DE L'INSTRUCTION PUBLIQUE
CHEVALIER DE L'ORDRE DE LÉOPOLD
MEMBRE DE PLUSIEURS SOCIÉTÉS SAVANTES FRANÇAISES ET ÉTRANGÈRES.

VENTE AUX ENCHÈRES PUBLIQUES

Du Lundi 3 au Jeudi 6 Octobre 1887

16, rue des Trois-Faucilles, à Arras

Par le ministère de Mes ADVIELLE et HENRY, Commissaires-Priseurs,

ASSISTÉS DE M. GANDOUIN, EXPERT.

Tapisseries anciennes. — Emaux de Limoges. — Ornements religieux. — Tableaux. — Gravures. — Manuscrits. — Incunables. — Livres à figures. — Théologie. — Beaux-Arts. — Linguistique. — Histoire locale. — Archéologie.

ARRAS

IMPRIMERIE TYPO-LITHO Ve SCHOUTHEER-DUBOIS
Rue des Trois-Visages, 53

1887

ORDRE DES VACATIONS

A 1 heure 1/2 de l'aprés-midi

LUNDI

Objets d'Art, Tapisseries, Émaux, Tableaux, Gravures, Manuscrits, etc., etc.

MARDI

Bibliothèque, Théologie, Histoire des Religions.

MERCREDI

Sciences et Arts, Belles-Lettres.

JEUDI

Histoire Générale, Histoire Locale, Archéologie.

CONDITIONS DE LA VENTE

Elle sera faite au comptant.

Les acquéreurs paieront en sus du prix d'adjudication **dix pour cent** applicables aux frais.

En cas de contestation sur une enchère, l'objet sera remis immédiatement en vente.

Une fois adjugés, les livres et objets d'art ne seront repris pour aucun motif.

M. GANDOUIN, expert, 35, rue des Saints-Pères, à Paris, et Hôtel de l'Univers à Arras, remplira les commissions des personnes qui ne pourraient assister à la vente .

Le Catalogue se distribue à Arras, chez Mes ADVIELLE et HENRY, Commissaires-Priseurs et à Paris, chez M. GANDOUIN, expert, 35, rue des Saints-Pères.

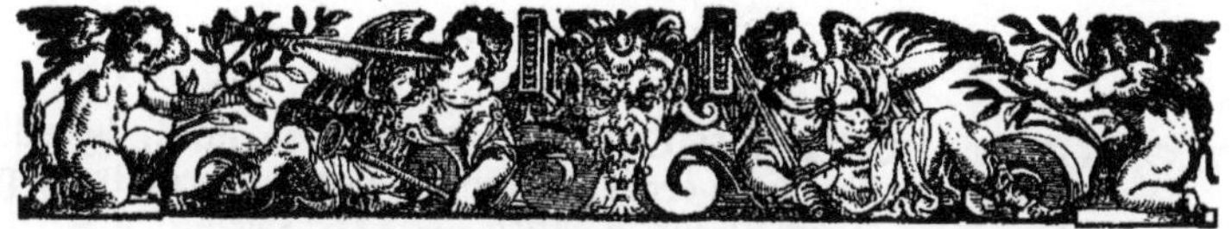

CATALOGUE

DES

OBJETS D'ART ANCIENS

ET DES

LIVRES RARES ET CURIEUX

COMPOSANT LA COLLECTION

DE FEU M. E. VAN DRIVAL

OBJETS D'ART & ANTIQUITÉS

1. CIBOIRE en cuivre repoussé, supporté par un pied hexagonal à douze lobes, le nœud orné de roses, la coupe ronde et repoussée se relie par une charnière au couvercle également repoussé et entouré d'une couronne dont les fleurons sont d'un travail exquis. — XVᵉ siècle.

2. CIBOIRE en cuivre repoussé, le pied a six lobes, le nœud sphérique, la coupe et le couvercle repoussés. — XVᵉ siècle.

3. PIED DE CIBOIRE, cuivre repoussé et doré à six lobes ciselés au bord extérieur, le nœud orné de têtes de Séraphins et d'ornements. — XVIᵉ siècle.

4. LIPSANOTHÈQUE (Reliquaire). Elle est soutenue par deux anges agenouillés sur une base demi-hexagonale, entourée d'une plate-bande ajourée. Les anges et la base en cuivre repoussé doré et peint. Travail du XVᵉ siècle. — H. 112, L. 232.

Expos. de Lille, 1874, nᵒ 476.

5. RELIQUAIRE ostensoir en cuivre doré en forme de tourelle hexagone, percée sur trois faces d'une fenêtre géminée, et ornée sur les autres des figures de la Vierge, St-Jean-Baptiste et de Ste-Catherine ; cette tourelle, surmontée d'une pyramide à ornements gothiques, repose sur le haut d'une tige à nœud d'une forme particulière qui s'élève d'un pied hexagone. — XVᵉ siècle.

Expos. de Lille, 1874 nᵒ 419.

6. TROIS CALICES en étain de formes différentes. XIV et XVᵉ siècles. — Seront vendus séparément.

7. **CALICE** et **OSTENSOIR**, cuivre repoussé doré, le calice à couvercle surmonté d'une croix, l'ostensoir pouvant prendre la place du couvercle en le fixant sur le calice. — XVII⁰ siècle.

8. **CUIVRE ARGENTÉ**. Navette à encens avec flacon au centre, travail français, époque Louis XIV.

9. **CUIVRE FONDU**. Trois petits flambeaux dont deux à trépied. XIV et XV⁰ siècles.

10. **BOIS TOURNÉ**. Calice dans son étui en bois tourné et orné. — XVII⁰ siècle.

11. **BOIS TOURNÉ**. Boîte cylindrique à couvercle, travail et époque analogues au n° précédent.

12. **CUIVRE** repoussé et doré, plaque de châsse, forme cintrée, représentant la Vierge, le fond décoré de fleurs gravées. Travail du XIV⁰ siècle.

13. **CUIVRE FONDU**, insigne d'arquebusier. Deux arquebuses placées en X et reliées par une couronne ducale, portant dans la partie inférieure une toison. — Travail du XVI⁰ siècle, probablement un prix de tir.

14. **CROIX** processionnelle ornée de plaques en cuivre repoussé. — Travail de la fin du XV⁰ siècle.

15. **CROIX** processionnelle ornée de plaques en cuivre gravé et doré. — Travail du XIV⁰ siècle, bois moderne.

16. **CROIX** byzantine en cuivre rouge à émaux champlevés, manque la figure du christ. — XII⁰ siècle.

17. **CRUCIFIX** émaillé, byzantin, émaux champlevés. — XII⁰ siècle.

18. **CRUCIFIX** émaillé, byzantin, émaux champlevés. — XI⁰ siècle.
> La croix est ornée à trois extrémités d'appliques de même travail représentant des Séraphins.

19. **CRUCIFIX**, le christ en bronze fondu et doré n'est pas couronné. — Travail byzantin. X⁰ siècle, la croix en bois moderne.

20. **CROIX GRECQUE**, ornée de reliques anciennes et de pierres de couleur.

21. **CROIX RUSSE**, cuivre fondu et émaillé, travail de Moscou.

22. **CROIX RUSSE**, cuivre fondu et émaillé, travail de Moscou, plus petite que celle du numéro précédent.

23. **TROIS AUTRES** plus petites de travail analogue.

24. **WARIN**, bronze. Deux médaillons ronds, Jésus et la Vierge, datés de 1628.
> Fort beaux comme exécution et patine.

25. **CUIVRE** gravé, plaque rectangulaire avec l'inscription.
> *Typus Spiritus Sancti.*
> *Anton Wieix figur.*
> *Joan Collaert-excud.*

26. **PLOMB**. Bas-relief représentant l'adoration des bergers, peint à l'huile, cadre en bois sculpté. — XVIIe siècle. H. 0,30. L. 0,40.

27. **ARGENT DORÉ**. Calice et sa Patène, à six lobes ornés de pierres de couleur et d'ornements en filigrane, le nœud orné de pierres, la coupe a sa partie inférieure de reliefs, gravé et filigrané. — Travail moderne.— Poids.

28. **ARGENT**. Calice, le pied a huit lobes, la tige a deux nœuds, dont un orné de roses avec têtes de Séraphins, la coupe et la patène dorée, travail du XVIe siècle.

29. **CHÊNE SCULPTÉ**. Groupe de cinq figures, Jésus portant sa croix. — Costumes curieux. — XVe siècle.

30. **BOIS**. Trois statuettes, la Vierge, St-Nicolas, St-François. — XVIIIe siècle.

31. **BOIS**. La Santa Casa, ou Notre-Dame de Lorette.— XVIIe siècle.

32. **PLAQUE EN CUIVRE** gravé et doré, piriforme, avec inscription gravée autour : de sancto Ruliano, de sancto Maximo, de sancto Eusebio, Totultis, aliis sanctis. — XIVe siècle. Long. 15.

33. **CUIVRE**. Cuillère à encens à large spatule, portant à l'extrémité du manche une figure de la Vierge portant l'enfant Jésus. XVe siècle.
> Exposition de Lille, 1874, no 475.

34. **DEUX CHRISTS BYZANTINS**, dont un à longue jupe. — XIIe siècle.

35. **CUIVRE**. Vingt-cinq plaques pectorales russes ; travail de Moscou.

36. **CHÊNE**. Cariatides femme casquée, la gaine ornée de touffes de feuilles de Chêne. — XVIe siècle. — H 110.

37. **CHÊNE**. — St-André. — XVIe siècle. — H. 100.

38. **EMAUX DE LIMOGES**. Deux grandes plaques représentant la Fuite en Egypte. Jésus apparaissant à sa mère après sa résurrection. — XVIe siècle.
> Exposition de Lille, 1874, nos 166-167.

39. **ECOLE FLAMANDE**. XVIe siècle. L'Immaculée conception, tableau fort curieux rempli d'emblêmes religieux et attributifs remarquables, sur bois, beau cadre de l'époque.
> Exposition de Lille, 1874, no 1134.

40. **ÉCOLE FLAMANDE**. XVIe siècle. La sainte Vierge nourrissant saint Bernard de son lait. Sur bois.
> Exposition de Lille, 1874, no 1135.

41. **RAPHAEL**, (d'après). La pêche miraculeuse. Toile. — Cadre en bois sculpté.

42. **FRANCK**. Jésus et la femme adultère. — Cuivre.

43. **FRANCK** (Ecole des). Le Calvaire. Bois.

44. **THULDEN** (Van). Le repos en Egypte. Toile.

45. ÉCOLE FLAMANDE. La Nativité. Bois. — Cadre sculpté.

46. ÉCOLE FLAMANDE. La Trinité, la Vierge, St-Joseph, Ste-Anne et St-Joachim. Bois.

47. ÉCOLE FLAMANDE. XVII° siècle. Portrait d'un évêque (1646). — Cadre bois sculpté.

48. ÉCOLE FLAMANDE. Jésus au Jardin des Oliviers. Toile.

49. ÉCOLE FLAMANDE. La Vierge. Cuivre.

50. FRANCK, FRANÇOIS. La Fuite en Egypte. Cuivre.

51. ÉCOLE FRANÇAISE. St-Bruno. Toile.

52. CADRE en bois sculpté.

53. ÉCOLE FLAMANDE. La Pentecôte. Toile.

54. ROGIER VAN DER WEYDEN. St-Augustin. Bois.

55. STELLA. St-François. Marbre.

56. ÉCOLE FRANÇAISE. Portrait de Mgr de Valbelle, évêque de Saint-Omer, au XVIII° siècle. Cadre en bois sculpté.

57. ÉCOLE FLAMANDE. Portrait d'un abbé de St-Augustin de Thérouanne, fin du XVII° siècle.

58. ÉCOLE FRANÇAISE. Trois portraits de chanoines du XVIII° siècle.

59. LÉVÊQUE. Dessin aquarelle pour vitraux, la présentation au temple et la nativité. Vitraux exécutés en 1861, pour l'église d'Ablain-St-Nazaire.

60. REMBRANDT (d'après). Les philosophes en méditation, deux épreuves en couleur, par Spooner.

61. ÉCOLE FLAMANDE. Jonas.—Le Droit d'aînesse, 2 tableaux sur toile.

62. ÉCOLE FLAMANDE, 1636. L'apparition de la Vierge, miracle de la Ste-Chandelle.

63. ÉCOLE FRANÇAISE. Mariage mystique de Ste-Catherine.

64. ÉCOLE FLAMANDE. Triptyque. Descente de croix, les volets, représentant la Vierge, le Donataire, St-Pierre et St-Paul.

65. GAZE RAYÉE D'ALEP. XII° siècle. Deux morceaux. Tissu lancé en soie rose, jaune et blanche, rayé de bandes horizontales d'inégales largeurs, les plus larges comportent des palmiers nains, alternant avec une autre plante du même type que le créquier héraldique des familles artésiennes de Créquy et de Contes, les plus étroites blanches sont ornées d'une ligne vivrée.

Exposition de Lille, 1874, n° 285.

66. ETOFFE siculo arabe. XII° siècle. Deux morceaux. Tissu lancé fond bleu pâle, orné de caissons pyriformes encadrant des renards affrontés, la tête en bas, autour d'un arbre sacré, une série d'astres à huit lobes court dans la bordure des caissons dont les pointes sont prolongées par une plante accostée de deux faucons contournés, les couleurs de ces ornements sont jaune, blanchâtre et vert d'eau.

Précieux échantillon de fabriques Sarrasines de la Sicile.

67. **TISSU** d'argent et soie de Chypre, XVIe siècle.

Voile de calice sur lequel est brodé le chiffre de Jésus.

68. **NOEL** (Louis). Terre cuite. — Sept esquisses ; représentant :

La Foi.	La Justice.
La Charité.	La Force.
L'Espérance.	La Tempérance.
La Prudence.	

Ces maquettes originales ont été exécutées pour la façade du bailliage d'Aire.

69. **Sous ce n°, cartons de gravures, lithographies et photographies.**

70. **32 SCEAUX** en plomb provenant de bulles papales, aux noms de Urbain, Grégoire, Laurent, Innocent, Sixte, Lucius, Paul, Eugène, etc., etc.

71. **LOT** considérable de Monnaies Romaines, Gauloises, du Moyen-Age, de la Flandre et Monnaies modernes.

72. **TAPISSERIE** de Bruxelles, représentant JUDITH. Très belle bordure sur fond noir.

73. **TAPISSERIE** d'Arras. Divers personnages sur fond ornemané, XVIe siècle.

74. **TAPISSERIE** d'Arras. Personnages, XVIIe siècle.

75. **TAPISSERIE**. Devant d'autel, travail au point, époque Louis XVI.

76. **ARGENT**. Petit bénitier en argent ciselé. — Très joli travail d'une exécution très précieuse.

77. **CUIR** gaufré, doré, argenté et peint. Chasuble, manipule et étole. — Travail espagnol, époque Louis XIII.

78. **CHASUBLE** en velours rouge avec beaux orfrois brodés à figures, XVIe siècle.

79. **CHASUBLE** pour le service des morts avec ossements et tête couronnée. Broderies du XVIe siècle.

80. **Sous ce n°, diverses Chasubles et plusieurs Morceaux d'étoffes anciennes de diverses époques.**

81. **Peinture** antique égyptienne provenant d'un sarcophage. Divinité émaillée Osiris. — Divinité Hindoue dorée pièce, fort ancienne.

82. **Sous ce n°, Vitraux peints de différentes époques.**

83. **HORE BEATE MARIE**. Manuscrit in-8 sur vélin XIVe siècle, minuscules gothiques, 78 feuillets de 19 lignes. — Initiales or sur outremer minium et carmin. — 4 miniatures à personnages. Encadrements polychromes.

84. PSAULTIER MANUSCRIT. In-8, commencement du XVe siècle, minuscules gothiques, 142 feuillets 4 de 16 lignes. — Initiales or sur outremer minium et carmin. — Encadrements polychromes. — En tête un calendrier.

85. AUTRE PSAULTIER MANUSCRIT. In-12, minuscules gothiques. — Initiales or. — Nombreuses miniatures polychromes. — En tête un calendrier.

86. **REGLA** y constituciones de la hermand de V.-P.-S. Guiller. In-4. — Curieux manuscrit en langue espagnole.

87. **L'OUVRAGE** secret de la Philosophie d'Hermès, par le président d'Espagnet, suivi des œuvres de M. Duparquet sur la manière de parvenir au grand œuvre. — Curieux manuscrit hermétique. In-8, 150 pages.

88. **Sous ce n°, différents manuscrits historiques. religieux, philosophiques, etc.**

THÉOLOGIE

Écriture sainte. — Liturgie. — Histoire des religions. — Hagiographie.

1. **BIBLIA SACRA** utriusque Testamenti... Osiander. *Nurembergæ*, 1522, 1 vol. in-4 goth.

2. **BIBLIA HEBRÆA**, Chaldœa, græca et latina. *Parisiis, ex officina Roberti Stephani*, 1511, 1 vol. gr. in-fol. rel.

3. **BIBLIA SACRA** Hebraice, Chaldaice, græce et latine. *Anvers, Plantin*, 1559, 8 vol. — Manque le tome VII.

4. **BIBLIA SACRA** tomis sex comprehensa. *Duaci, Baltazar, Bellerus, anno* 1617, 6 vol. in-fol. rel.

5. **BIBLIA SACRA**, Hebraice, Grece, Latine, Chaldaice, Syriace, Arabice. *Paris, Antoine Vitray*, 1633, 16 vol. gr. in-fol., fig. incomp.

6. **LA SAINTE BIBLE**, ancien et nouveau testament, récit et commentaire par l'abbé F.-R. Salmon. *Paris, Firmin Didot*, 1878, avec figures nombreuses, in-4, br.

7 **AUTRES BIBLES** d'éditions différentes.

8. **TESTAMENTUM NOVUM.** Interpretatio syriaca, autore Emmanuele Tremellio. *Lugduni, in bibliopolio Salamandræ, an* 1571, 2 vol. in-fol.

9. **NOUVEAU TESTAMENT** d'éditions différentes.

10. **NOUVEAU TESTAMENT** en chinois. 8 vol. sur papier de riz, brochés à la manière chinoise et renfermés dans un étui.

11. **L'ÉVANGILE ILLUSTRÉ**, quarante compositions de Frédéric Overbeck gravées par les meilleurs artistes de l'Allemagne. *Dusseldorf et Paris, s. d.*

12. **ARGUMENTA** in sacra biblia. 1556, 1 vol. in-8, rel. vél. gauf., figures.

13. **L'HISTOIRE** du vieux et du nouveau testament avec fig par le sieur de Royaumont. *Paris, chez J.-F. Bassompierre*, 1766, in-8, rel.

14. **EXPLICATIONS** de plusieurs textes différents de l'auteur. Ouvrage enrichi d'antiques gravées en taille-douce, par le R.-P. Dom***. *Paris*, 1730, in-4 rel.

15. **DANIEL** secundum septuaginta ex tetraplis origenis. *Romæ, Typis propagandæ fidei*, 1772, in-fol. rel.

16. **TRAITÉS** et commentaires sur la bible et les livres saints.

17. **EDITIONS DIVERSES** des psaumes de David.

18. **PONTIFICALIS LIBER**. Impressus Rome, opera discreti viri magistri *Stephani Plannck*. 1485, 1 vol. pet in-fol. en roug. et noir. Lettres ornées en couleurs.

19. **60 VOL.** de Liturgie sacrée.

20. **RATIONALE** divinorum officiorum *Guelhelmi Minatensis* ecclesie Episcopi. *Venise*, 1480. Incunable, in-fol. rel.

21. **BRÉVIAIRES** et autres livres de piété.

22. **ANTIPHONAIRE DE SAINT GRÉGOIRE**. Facsimile du Manuscrit de Saint-Gall (copie authentique de l'autographe écrit vers l'an 790), par le R. P. L. Lambillotte. *Bruxelles, C.-J.-C. Greuse*, 1851, in-4, br.

23. **GERSONIS THEOLOGIA**. *Cologne, Jean Koelhoeff de Lubeck*, incunable, 1483, 4 vol. in-4, rel. veau.

24. **DISPUTATIONUM** Roberti Bellarmini Politiani S. R. E. cardinalis. De controversiis christianæ fidei. *Lutetiæ Parisiorum*, 1620, 2 t. en 1 vol. in-fol. rel.

25. **RÈGLES** et Constitutions de diverses Congrégations.

26. **LES OFFICES** de la Nativité de la vierge Marie. Nombreuses figures. *Paris, François Coustelier*, 1683, in-18, rel.

27. **OFFICES DIVINS** et livres de prières.

28. **DIVINI DYONYSII** areopagitæ opera. *Venise*, 1502, pet. in-fol., rel.

29. **BEATI AMBROSII MISSALE**, impressum in alma civitate Mediolani, 1475. Incunable. Caractère gothique, initiales rouges et bleues. Miniature sur or, petit in-fol. rel. veau.

30. **PÈRES DE L'ÉGLISE** et autres écrivains sacrés.

31. **SUMMAQUE** Destructorium viciorum appellata. incunable, *Nuremberg*, 1 vol., 1496, pet. in-fol.

32. **DIFFÉRENTS** volumes de théologie ascétique et mystique.

33. **CONCILIORUM** quatuor generalium tomi duo. *Coloniæ*, anno 1530, 2 t. en 1 vol., pet. in-fol. rel.

34. **OUVRAGES** sur les conciles et la papauté.

35. **VATICINA** seu prædictiones illustrium virorum, *in venetia Gio battista bertoni*, 1605, in-8, fig. rel. Parche.

36. **LIVRES** de théologie parénétique et polémique.

37. **INSTITUTION** catholique où est déclarée et conformée la vérité de la foi contre les hérésies et superstitions, par Pierre Coton. *Paris*, Claude Chappelet, 1624, in-8, rel. veau.

38. **Sous ce n° seront vendues les diverses publications de l'abbé Migne.**

39. **Sous ce n° seront vendus 8 volumes de l'abbé Freffel.**

40. **Sous ce n° seront vendus les différents traités de B. Bouix.**

41. **TRAITÉS** de théologie. — Livres de piété et quantité d'autres ouvrages qui seront vendus isolément et par lots.

42. **DIFFÉRENTS** ouvrages de droit canonique.

43. **LES RELIGIONS DU MONDE.** Asie, Afrique, Amérique et l'Europe, par le sieur Alexandre Ross. *Amsterdam*, Jean Schipper, 1766, in-4, reliure, nombreuses figures.

44. **HISTOIRE ECCLÉSIASTIQUE**, par Fleury. — *Paris*, le Mercier, 1777, 36 vol. in-4, br., fig.

45. **GEORGIUS** Codinus europalata de officiis et officialibus magnæ ecclesiæ et aulæ Constantinopolitanæ. *Parisiis*, Sébastien Cramoisy, 1625, in-fol., rel.

46 **LIBER** hasmonaeorum qui vulgo prior machabaeorum. *Franckerae*, 1600, in-4, rel.

47. **HISTOIRE** du grand Schisme d'occident, par Louis Maimbourg. *Paris*, Sébastien Mabre Cramoisy, 1681, 2 vol. in-12, rel.

48. **DIFFÉRENTS** ouvrages d'histoire ecclésiastique.

49. **VOSSII** de Theologia gentili sive de origine ac progressu idolatriæ. *Amsterdam*, Jean Blaeu, 1641.

50. **LIVRES** divers sur le paganisme.

51 **LE CHOU-KING**, un des livres sacrés des chinois, ouvrage recueilli par Confucius, par M. de Guignes. *Paris*, 1770, in-4. rel.

52. **LE BHAGUAT GEETA** ou dialogues de Krishna et d'Arjoon, par Ch. Wilkins, *Londres* et *Paris*, 1787, in-8, rel.

53. **NOMBREUX** ouvrag. sur les religions des peuples orientaux.

54. **J'OACHIMI** Verionii de sanctorum viva. *Coloniæ*, 1555, in-12, couv. parch.

55. **MARTYROLOGIUM** romanum. *Antuerpiæ*, apud Joannem Moretum. 1608, in-8, rel.

56. **LA VIE DE SAINT MARTIN**, évêque de Tours, avec l'histoire de la fondation de son Eglise, par le sieur Nicolas Gervaise d'Orléans. *Tours*, Jean Barthe et Hugues Michel Duval, 1699, in-4, rel.

57. **NOMBREUX** volumes d'hagiographie.

58. COMPENDIUM theologice veritatis. *Strasbourg*, 1489, incunable, majuscules en couleur. — De la bibliothèque des Célestins de Paris, in-4, rel.

59. SUMMA Angelica Declavasio, *Caen*, 1511, pet. in-4 gothique, rel.

60. Sous ce nᵒ seront vendus les livres omis de la partie théologique ainsi qu'une quantité considérable de brochures et de revues ecclésiastiques.

SCIENCES ET ARTS

Philosophie. — Anatomie. — Alchimie. — Astrologie. — Beaux-Arts. — Métiers.

61. ARISTOTELIS de moribus ad Nicomachum libri decem. *Parisiis, apud Ad. Turnebum*, 1554, in-8, couv. parch.

62. ADAGIORUM epitome ex novissima D. Erasmi Roterodami æditione. *Antuerpiæ, apud Joannem Steelsium*, anno 1537, armoiries sur les plats, in-8, rel.

63. DE SYMBOLICA ægyptiorum sapientia auctore P. Nicolao Caussino. *Parisiis, Sumptibus Romani de Beauvais*, 1618, in-4, rel.; fleur de lys sur les plats.

64. RENATI DES CARTES spicimina Philosophiæ seu dissertatio de methodo recte regendæ rationis ex Gallico translata et ab auctore perlecta variisque in locis emendata. *Amstelodami, apud Ludocicum Elzevirium*, 1644, in-4, rel.

65. LIVRES divers de philosophie et de morale.

66. SCHOLA SALERNITANA de valetudine tuenda. *Paris, René Moreau*, 1672, in-8, rel.

67. LE CORPS de l'homme, traité complet d'anatomie et de physiologie humaine, illustré de 412 figures coloriées, par le Dʳ Galet, *Paris, Didier*, 1853, 4 vol. in-4, br.

68. TRAITÉ d'anatomie descriptive, par Hippolyte Cloquet. *Paris, Masson et Cie*, 1841, 1 vol. de texte, 2 vol. de planches, in-4, rel.

69. HISTOIRE de la génération de l'homme, par G. Grimaud de Caux et G. J. Martin St-Ange. *Paris, librairie des Sociétés savantes*, 1847, in-4, rel.

70. EXPOSITION exacte ou tableau anatomique en taille-douce des différentes parties du corps humain, par Etienne Charpentier. *Paris*, 1784, in-fol., rel.

71. OUVRAGES divers de Médecine.

72. ALBOHAZEN haly filii Abenragel de judiciis astrorum libri octo. *Basileæ*, 1571, in-fol., rel. parch.

73. EPOCHÆ celebriores astronomis, historicis, chronologis Chataiorum, Syro-Græcorum, Arabum, Persarum, Chorasmiorum usitatæ. *Londini, Jacobi Flesher*, 1650, in-8, rel. parch.

74. SOMNIORUM synesiorum omnis generis insomnia explicantes libri IV, per Hieronymum Cardanum. *Basileæ, per Henricum Petri*, 1562, in-4, rel.

75. DISCOURS des spectres ou visions et apparitions d'esprits, par Pierre le Loyer. *Paris, Nicolas Buon*, 1608, in-8, rel. parch.

76. SPECULUM lapidum Camilli Leonardi cui accessit sympathia septem metallorum. *Parisiis, apud Carolum Senestre*, 1610, in 8, rel. parchemin.

77. TRINUM magicum sive secretorum magicorum opus. *Francofurti, typis Conradi Eifridi*, 1630, in-12, rel. parch.

78. LES DOUZE CLEFS de Philosophie de frère Basile Valentin. *Paris, Jérémie et Christophe Perier*, 1624, in-12, rel. parch.

« On trouve à la suite les autres ouvrages du frère Valentin. »

79. TRAITÉ D'HORLOGIOGRAPHIE par dom Pierre de Sainte-Marie-Magdeleine. *Paris, Jean du Puis*, 1663, in-12, fig., couv. parch.

80. A MANUAL of astrology, par by Raphaël. *London*, 1828, in-8, rel., fig.

81. LA PHILOSOPHIE. Images énigmatiques où il est traité des énigmes hiéroglyphiques, etc., par Cl.-François Menestrier. *Lyon*, 1694, pet. in-8, fig. rel.

82. MŒURS ET PRATIQUES des démons ou des esprits visiteurs, par Gougenot des Mousseaux. *Paris, Vrayet de Surcy*, 1854, in-8, br.

83 LA MYSTIQUE DIVINE, naturelle et diabolique, par Gorres. *Paris*, 1854, in-8, br., 5 volumes.

84. DIFFÉRENTS OUVRAGES de chimie et d'histoire naturelle.

85. DICTIONNAIRE RAISONNÉ de l'architecture française du XIe au XVIe siècle, par Viollet-le-Duc. *Paris, B. Bance*, 10 vol. gr. in 8, br.

86. BAS-RELIEFS du Parthénon et du Temple de Phigalie, gravés par les procédés de M. Achille Collas. *Paris, Didier et Cie*, 1860.

87. THE FRIEZE in the throne saloon of the royal palace in Dresden. Painted in fresco by Edward Bendemann. *Leipzig, Verlay von Georg. Wigand*, in-4 oblong.

88. HISTOIRE DE L'ART chez les anciens, par M. J. Wincellmann *Amsterdam*, 1766, avec figures, 2 vol. in-8, br.

89. L'ÉVANGILE. Etudes iconographiques et archéologiques par Ch. Rohault de Fleury. *Tours, Alfred Mame et Fils*, 1874, 2 vol. gr. in-4, rel. fig.

90. ICONOGRAPHIE CHRÉTIENNE ou étude des sculptures, peintures, etc., qu'on rencontre sur les monuments religieux du moyen-âge, par M. l'abbé Crosnier. *Paris*, 1848, in-8, br., fig.

91. SAINTE CÉCILE et la société romaine, par dom Guéranger. *Paris, Victor Palmé; Bruxelles, Lebrocquy*, 1878.

92. LA LÉGENDE DE SAINTE URSULE, princesse britannique et ses onze mille vierges, publié par F. Kellerhoven, chromolithographies.*Paris*, 1860, chez l'auteur, in-4, b .

93. LES TRÉSORS SACRÉS DE COLOGNE, objets d'art du moyen-âge, dessinés par Franz Bock. *Paris, A. Morel et Cie*, 1862, in 4, br.

94. EMBLEMATUM clarissimi viri D. Andræ Alciati, nombreuses figures. *Antuerpiæ, Sumptibus Christophori Pluntini*, 1565, in-18, couv. parch.

95. THE CELEBRATED Hans Holtein's Alphabet of death. Texte anglais et latin par Anatole de Montaiglon. *Paris*, 1856, pet. in-8, fig., br.

96. LES PLANTES A FEUILLAGE COLORÉ, recueil des espèces les plus remarquables pour la décoration des jardins, etc., par E.-J. Lowe et W. Howard. *Paris, J. Rothschild*, 1865, in-8.

97. OUVRAGES DIVERS sur la sculpture et les beaux-arts.

98. LIVRES A FIGURES, Recueils de vues, etc.

99. OUVRAGES DIVERS de musique profane et religieuse.

100. HISTOIRE DE L'IMPRIMERIE et des arts et professions qui se rattachent à la typographie, par Paul Lacroix, Fournier et Seré. *Paris, A. Delahays*, gr. in-8, fig., br.

101. HISTOIRE de l'orfévrerie, joaillerie et des anciennes communautés et confréries d'orfèvres, joailliers de la France et de la Belgique, par Paul Lacroix et Seré. *Paris*, 1850, gr. in-8, fig., br.

102. HISTOIRE de la charpenterie, par Paul Lacroix. *Paris*, Delahays, 1858, gr. in-8, fig., br.

103. HISTOIRE des cordonniers et des artisans dont la profession se rattache à la cordonnerie, par Paul Lacroix, *Paris*, 1852, gr. in-8, fig., br.

104. MANUEL encyclopédique des sciences et des arts, dit manuel Roret, 17 vol. in-18, br.

BELLES LETTRES

Linguistique. – Langues européennes anciennes et modernes. – Langues asiatiques.— Auteurs Grecs, Latins et Français.

105. **RECHERCHES** curieuses sur la diversité des langues et religions en toutes les principales parties du monde, par Éd. Brerewood. *Paris*, 1663, pet. in-8, rel.

106. **LA RÉUNION** des langues ou l'art de les apprendre toutes par une seule, par le P. Besnier, *Paris*, 1674, in-4, rel.

107. **NOMENCLATOR** omnium rerum propria nomina variis linguis explicata indicans, Hadriano Junio medico auctore. *Antuerpiæ*, 1577, in-8, rel.

108. **L'HARMONIE** étymologique des langues, par Estienne Guichard. *Paris*, 1610, in-8, rel.

109. **DE RATIONE** communi omnium linguarum et literarum commentarius Theodori Bibliandri. *Tiguri*, 1548, in-4, rel.

110. **TRAITÉ** des Langues, par Frain du Tremblay, *Amsterdam*, 1709, pet. in-8, rel.

111. **NOMBREUX** et curieux ouvrages de linguistique.

112. **DICTIONNAIRE** de Trévoux. 7 vol. in-fol. *Paris*, compagnie des libraires associés, 1752.

113. **DICTIONNAIRES** Hébreux, Grecs, Latins, Français, Allemands, Espagnols, Arabes, Portugais, Anglais, etc.

114. **DE LITERIS** et lingua Getarum sive Gothorum. Editore Vulcanio Brugensi. *Lugduni-Batavorum*, 1597, vol. in-8, rel.

115. **ROBERTI** Bellarmini institutiones linguæ Hebraicæ. *Paris*, 1622, in-8, cart.

116. **GRAMMATICA** Linguarum Orientalium, Hebræorum, Chaldæorum et Syrorum, auctore Ludovico de Dieu. *Lugduni-Batavorum*, 1628, pet. in-4, rel.

117. **ELOCUTIONUM** sacrarum scripturarum autore jacobo Gœuschelio. *Basileæ*, 1546, in-8, rel.

    Ex Libris, La Mennais.

118. **NOMBREUX** écrits sur la langue hébraïque.

119. **JANUA** linguarum reserata cum græca versione. *Amstelodami, Elzevir*, 1649, pet. in 8, rel.

120. **NOMBREUX** écrits sur les langues grecques et latines.

121. **CHOIX** d'ouvrages sur les langues asiatiques.

122. **DICTIONNAIRE** chinois, français et latin, publié pour sa majesté l'empereur et roi Napoléon Le-Grand, par de Guignes, *Paris*, 1813, gr. in-fol., rel.

123. **L. ANNÆI SENECÆ** tragediæ. *Rothomagi*, 1624, in-16, br.

124. **THÉATRE** des Grecs.

125. **ADAM**, mystère du XIIe siècle, par Palustre. *Paris*, 1877, in-4, br.

126. **HOMERI** Ilias ad verbum translata Andrea divo Justino Politano interprete. *Parisiis, in officina Christiani Wecheli*, 1538.

127. **ÆSOPI PHRYGIS** fabulæ græce et latine. *Parisiis*, 1549, in-4, rel.

128. **VIRGILII MARONIS** opera. *Antuerpiæ*, 1580, pet. in-8, rel.

129. **CHOIX** d'auteurs Grecs et Latins.

130. **MARGARITA** poetica. *Argentinæ*, 1503, in-4, rel.

131. **L'ÉLOGE** de la folie, par Erasme. *Amsterdam*, 1731, pet. in-8, fig., rel.

132. **VOLUMES DIVERS** de littérature française et étrangère.

133. **ŒUVRES** de M. le Comte de Montalembert. *Paris, Lecoffre*, 1860, 14 vol. in-8, br.

HISTOIRE

Géographie. — Voyages. — Histoire ancienne. — Histoire moderne. — France. — Artois. — Picardie. — Flandres. — Provinces diverses. — Belgique. — — Blason. — Archéologie. — Histoire littéraire. — Biographie.

134. **LUCÆ DE LINDA** descriptio orbis et omnium rerumpublicarum. *Amstelodomi, apud Jacobum de Zetter*, 1665, in-8, parch.

135. **PROCLI DE SPHÆRA** liber. *Basileæ*, 1547, in-8, couv. gaufrée.

136. **GÉOGRAPHIE** historique, ecclésiastique et civile, enrichie de cartes géographiques, par Dom J. Vaissete, *Paris, Desaint et Saillant*, 1755, 10 vol. in-8, br.

137. **HISTOIRE** du Canada et voyages par F. Gabriel Sagard Théodat. *Paris, Claude Sonnius*, 1636, in-8, br.

138. **NOUVEAUX MÉMOIRES** sur l'état présent de la Chine, par le P. Louis le Comte. *Paris*, 1696, 2 vol. in-8, rel., figures.

139. **MÉMOIRES** concernant l'histoire, les sciences, les arts, les mœurs, les usages des Chinois, par les Missionnaires de Pékin. *Paris*, 1797, 14 vol. in 4, rel.

140. **MONACO** et ses princes, par Henri Metivier. *La Flèche, Eugène Jourdain*, 1865, 2 vol. in-8, br.

141. **NOMBREUX OUVRAGES** de géographie et de voyages.

142. **COLLECTION DE GUIDES**, France et Etranger.

143. **HISTORIÆ** creationis examen theologico philologicum ita institutum. *Heidelbergæ, typis Samuelis Broun*, 1639, in-4, rel.

144. **T. LIVII PATAVINI**. Historicorum omnium romanorum libri omnes. *Francofurti*, 1588, in-fol.

145. **CÆSARIS** commentarii, per Philippum Beroaldum recogniti. 1512, in-8, rel.

146. **L'HISTOIRE** de Flave Josèphe, traduite par Jean le frère de Laval. Texte latin français. *Paris, Sonnius*, 1569, in-fol., rel.

147. **HISTOIRE** des Juifs depuis J.-C. jusqu'à présent. *Paris*, 1710, pet. in-8, rel., 7 vol.

148. **DICTIONNAIRE** universel, contenant tout ce qui regarde les connaissances des peuples de l'Orient, leurs histoires et traditions véritables ou fabuleuses, leurs religions, etc., par d'Herbelot. *A Maestricht, Dufour et Roux*, 1776, gr. in fol., rel.

149. **VARIE** osservationi di Girolamo Brusoni soprale relazioni universali di Giovanni Botero. *In Venetia, per li Bertani*, 1659, in-4, rel.

150. **ABRÉGÉ** chronologique des principaux événements qui ont précédé la constitution Unigenitus. 1732, in-12, fig , rel.

151. **HISTOIRE DE FRANCE** depuis les temps les plus reculés jusqu'à nos jours, par Henri Bordier et Edouard Charton. *Paris, aux bureaux du Magasin pittoresque*, 2 vol. in-4, fig., br.

152. **CHARLEMAGNE**, par Alphonse Vetault. Introduction par Léon Gautier. *Tours, Alf. Mame*, 1877, in-4, fig., br.

153. **CHARLEMAGNE** d'après les traditions liégeoises, par Ferd. Henaux. *Liège, J. Desoer*, 1878, in-4, br.

154. **OUVRAGES DIVERS** sur Charlemagne et son époque.

155. **VOLUMES D'HISTOIRE** qui seront vendus isolément et par lots.

156. **COUTUMES GÉNÉRALES D'ARTOIS**, par Adrien Maillart. *Paris, Jean Debure*, 1739, in-fol.

157. **CODE DES COUTUMES** homologuées de la province d'Artois. *Arras, Veuve Duchamps*, 1745, in-12, rel.

158. DICTIONNAIRE historique et archéologique du département du Pas-de-Calais, publié par la commission départementale des monuments historiques. *Arras, Sueur-Charruey*, 1873, 15 vol. in-8, br.

159. STATISTIQUE monumentale du département du Pas-de-Calais, publiée par la commission des antiquités départementales, 2 vol. in-4, rel.

160. BULLETIN de la commission des antiquités départementales du Pas-de-Calais, 6 vol. in-8.

161. MÉMORIAL historique et archéologique du département du Pas-de-Calais, par M. Harbaville. *Arras*, 1842, 2 vol. in-8, br.

162. LA RENAISSANCE EN FRANCE, 1re livraison. Flandre, Artois, Picardie, par Léon Palustre, dessins et gravures d'Eugène Sadoux. *Paris, Quantin*, 1879.

163. MÉMOIRES pour servir à l'histoire de la province d'Artois sous la race mérovingienne, par le baron Deslyons. *Amsterdam*, 1779, in-12, br.

164. MÉMOIRES de l'Académie d'Arras, collection complète avec tables et documents inédits publiés par l'Académie, 63 vol. in-4 br.

165. CHRONIQUE d'Arras et de Cambrai, par Balderic, chantre de Thérouanne au XIe siècle. *Valenciennes, Lemaitre*, in-8, fig., br.

166. CHRONIQUE d'Arras et de Cambrai, par Balderic, chantre de Thérouanne au XIe siècle, par Le Glay. *Paris, Levrault*, 1834, in-8, rel.

167. ARRAS. Histoire de l'architecture et des beaux-arts, par A. Terninck. Nombreuses figures. *Arras, Sueur-Charruey*, 1879, in-4, br.

168. HISTOIRE D'ARRAS depuis les temps les plus reculés jusqu'en 1789, par E. Lecesne. *Arras, Rohard-Courtin*, 1880, 2 vol. in-8, br.

169. ARRAS SOUS LA RÉVOLUTION, par E. Lecesne. *Arras, Sueur-Charruey*, 1882, 3 vol. in-8, br.

170. EXPOSÉ de la législation coutumière de l'Artois, par E. Lecesne. *Paris, A. Durand*, 1869, in-8, br.

171. LA CONFRÉRIE de N.-D. des Ardents d'Arras, par C. de Linas. *Arras, Topino*, 1857, in-4, fig., br.

172 RECUEIL des règlements et ordonnances du diocèse d'Arras. *A Arras, Duchamp*, 1746, pet. in-8, rel.

173. SIGILLOGRAPHIE de la ville d'Arras et de la cité, 34 planches par A. Guesnon. *Arras, Topino*, 1865, in-4, br.

174. HISTOIRE de la ville de Bapaume depuis son origine jusqu'à nos jours, par l'abbé Bédu. *Arras, Rousseau-Leroy*, 1865, in-8, br.

175. HISTOIRE de l'abbaye et de l'ancienne congrégation des chanoines réguliers d'Arrouaise, par Gosse. *Lille, Léonard Danel*, 1786, in-4, br.

176. **RECUEIL** des ouvrages de M. H. Piers, bibliothécaire à Saint-Omer. orné de portraits. *Saint-Omer*, Lemaire, 1832 et 1835, *Saint-Omer, de Vanelslandt*, 2 vol. in-8, br.

177. **MÉMOIRES** de la société des Antiquaires de la Morinie. 15 vol , in-8.

178. **BULLETIN** de la société des Antiquaires de la Morinie, volumes et livraisons.

179. **LES ABBÉS DE SAINT-BERTIN** d'après les anciens monuments de ce monastère, par M. Henri de Laplane, ancien député, *Saint-Omer*, in-8, 2 vol., br.

180. **LE CANTON D'AIRE-SUR-LA-LYS**. Notice historique, par le Baron Dard. *Arras, H. Schoutheer*, 1876, in-8, br.

181. **ESSAI** historique, topographique et statistique sur l'arrondissement communal de Boulogne-s-Mer, avec planches et cartes, par Henry, in-4, br.

182. **HISTOIRE** de la ville de Béthune, P. E. Béghin. *Douai, Robaut-Dutilleux*, 1874, in-8, br.

183. **RECHERCHES** historiques sur le vieil et le nouvel Hesdin, par J. Houzel. *Paris, Tolmer et Isidor*, 1877, in-8, br.

184. **HISTOIRE** des abbayes de Dommartin et de Saint-André-au-Bois, par Albéric de Calonne, *Arras, Sueur-Charruey*, 1875, in-8, br.

185. **HISTOIRE D'AVESNES-LE-COMTE**, par Philippe Ledru, docteur. *Avesnes-le-Comte*, 1878, in-8, br.

186. **Sous ce n° seront vendus isolément, et par lot, quantité de volumes et de brochures Artésiennes, ou d'auteurs Artésiens.**

187. **CAMERACUM CHRISTIANUM** on histoire ecclésiastique du diocèse de Cambrai. par M. Le Glay. *Lille, Lefort*, 1849, in-folio, br.

188. **RECHERCHES** sur l'Eglise métropolitaine de Cambrai, par A. le Glay. *Paris, Firmin-Didot*, 1825, in-8, fig., br.

189. **ESSAI** sur l'histoire du régime municipal Romain dans le nord de la Gaule, par H. Tailliar. *Douai, veuve Adam*, 1861, in-8, fig., br.

190. **CHRONIQUES DE DOUAI**, par M. le président Tailliar, *Douai, L. Dechristé*, 1875, 2 vol. in-8, br.

191. **DOUAI PENDANT LA RÉVOLUTION. 1789-1802**. Notes sur les curés constitutionnels de Douai. Table analytique des pièces composant ces ouvrages, par Louis Dechristé, 1878, 3 vol. in-8, br.

192. **CARTULAIRE** de l'abbaye de Flines, par l'abbé E. Hautcœur, *Lille, Quarré*, 1874, avec gravures, 2 vol. in-8, br.

193. **HISTOIRE** de l'abbaye de Flines, par l'abbé E. Hautcœur, *Paris, J.-B. Dumoulin*, 1874, in-8, br., avec gravures.

194. **RATIO** orthographiæ ab Aldo, Manutio olim collecta. *Duaci, typis Balthazaris Belleri*, 1610, in-16, rel. parch.

195. **ARNOLDI** Raissii. Duacenatis belgica christiana. *Duaci, typis Bartholomæi Bardou, anno* 1634, in-4, couv. parch.

196. **DÉVOTION** au saint Enfant Jésus, par un prêtre chapelain. *Douai*, 1671, pet. in-8, rel.

197. **DECRETA** synodi provincialis Cameracensis, 1686, pet. in-4, relié.

198. **IN REGULAM** S. Benedicti commentarius, *Duaci*, 1697, pet. in-folio, rel.

199. **DU SALUT** des petits enfants. *Douai, Derbaix*, 1776, in-8.

200. **KALENDARIUM** canonicorum regularium ordinis S. P. Augustini. *Duaci, apud Carolum Ludovicum Josephum Derbaix*, 1745, in-8, relié.

201. **LE SECOND ADAM**, Jésus souffrant et mourant, par le P. Jacques Coret. *A Lille, Nicolas de Rache*, 1671, in-8, rel.

202. **RELATION** du voyage de Perse fait par le R. P. Pacifique. *A Lille, Pierre de Rache*, 1632, in-18, rel.

203. **Sous ce N°, seront vendus différents volumes et brochures relatifs au département du Nord.**

204. **VOLUMES** et brochures relatifs à la Picardie.

205. **LA BRETAGNE** ancienne depuis ses origines jusqu'à sa réunion à la France, par M. Pitre Chevalier. *Paris, Didier et Cie*, 2 vol. in-8, fig., br.

206. **HISTOIRE** de la ville d'Enghien, par Ernest Matthieu. *Mons, Duquesne Masquillier*, 1877, 2 vol. in-8, br.

207. **TOILES PEINTES** et tapisseries de la ville de Reims ou la mise en scène du théâtre des confrères de la passion, planches dessinées et gravées par E. Leberthais. Eludes des mystères et explications historiques, par Louis Paris. *Paris, Hyp. de Bruslart*, 1843, 2 vol. in-4, br.

208. **LES ÉGLISES** de l'arrondissement de Dieppe, par l'abbé Cochet. Eglises Rurales. *Paris, Derache*, 1850.

209. **LES ÉGLISES** de l'arrondissement d'Yvetot, par M. l'abbé Cochet. *Paris, Didron*, 1853, 2 volumes.

210. **VOLUMES** et brochures divers sur l'histoire des Provinces de France.

211. **HIEROGAZOPHYLACIUM.** Belgicum authore Arnoldo Bayssio. *Duaci, apud Gerardum Pinchon*, 1628, in-8, rel.

212. **NATALES** sanctorum Belgii auctore Joanne Molano. *Lovanii, apud Joannem Masium*, 1595. in-8, rel.

213. **SACRA** Belgii chronologia studio Joannis Baptistæ Ludovici de Castillion. *Bruxellis*, 1719, in-8, rel.

214. **HUGONIS GROTII**. Annales et historiæ de rebus Belgicis. *Amstelædami*, 1658, in-8, rel.

215. **HISTOIRE DE MENIN** d'après les documents authentiques, par le docteur Rembry Barth. Plans et vues. *Bruges, Gailliard*, 1881, 4 vol. in-8, br.

216. **SAINT-GILLES**, sa vie, ses religions, son culte en Belgique et dans le Nord de la France, par l'abbé Ernest Rembry. *Bruges, Edw. Gaillard*, 1881, 2 vol. in-8, br.

217. **LOBBES**, son abbaye et son chapitre ou histoire complète du Monastère de St-Pierre à Lobbes, avec cartes, vues et portraits, par l'abbé J. Vos *Louvain, Ch. Peeters*, 1865, 2 vol. in-8, br.

218. **L'ABBAYE DE SAINT-MÉDARD** ou de St-Nicolas-des-Près, près Tournai, par J. Vos. *Tournai, Casterman*, 1879, 3 vol. in-8, br.

219. **ÉTUDES** sur l'origine des noms patronymiques flamands et sur quelques questions qui se rattachent aux noms, par Gustave Van-Hoorebeke. *Bruxelles, de Decq et Duhent*, 1876, in-8, br.

220. **ESSAI HISTORIQUE** sur l'Eglise de Saint-Paul aujourd'hui Cathédrale de Liège. Orné de 22 gravures. *Liège*, 1867, in-8, br.

221. **LECTURES** relatives à l'histoire des sciences, des arts, des lettres, des mœurs et de la politique en Belgique, par J. V. Goethals. *Bruxelles*, 1837, 4 vol in-8, br., fig.

222. **VOLUMES** et brochures relatifs à l'Histoire de la Belgique.

223. **GENERALIS TOTIUS** Sacri ordinis Clericorum canonicorum historia tripartita Gabriele Pennotto auctore. *Romæ*, 1624, in-fol., br.

224. **HISTOIRE** des ordres Religieux et des Congrégations de l'un et l'autre sexe. Nombreuses figures, par le R. P. Helyot. *Paris, Louis*, 1792, 8 vol. in-4, rel.

225. **RECUEIL** historique, chronologique et topographique des archevêchés, évêchés, abbayes et prieurés de France, tant d'hommes que de filles, par Dom Beaunier, avec cartes. *Paris, Alexis-Xavier-René Mesnier*, 1726, 2 vol. in-4, rel.

226. **OUVRAGES DIVERS** sur les rois, les princes et la cour de France.

227. **RECHERCHES** sur l'origine du blason, par Adalbert de Beaumont. *Paris*, 1853, in-8, br.

228. **MIROIR DES NOBLES** de Hasbaye, de 1102 à 1398, par Jacques de Henricourt. *Bruxelles*, 1673, *chez E. Henry Friex*, in-fol.

229. **KEARSLEY'S** complete Perrage of England, Scotland and Ireland, nombreuses armoiries. *London, G. Kearsley*, 1790, in-18, rel.

230. **LE BEFFROI**. Art héraldique, archéologie, 4 vol. gr. in-8. *Bruges, Edw. Gailliart*, 1863-1873.

231. **JUSTI LIPSI** de cruce libri tres ad sacram profanamque
historiam utiles. *Antuerpiæ, apud Joannem Moretum,* 1593, in-4, fig.,
rel. parch.

232. **JUSTI LIPSI.** de Cruce. *Paris,* 1592, in-8, parch. (*De la
Bibliothèque des Minimes de Paris*).

233. **MÉMOIRES** sur les instruments de la passion de N.-S.-J.-C.,
par Ch Rohault de Fleury. *Paris,* 1870, in-fol., fig., rel.

234. **VESTITUS** sacerdotum Hebræorum auctore Johanne Brau-
nio. *Amstelodami, apud Danielem Elsevirium,* 1680.

235. **FIGURES** des différents habits des chanoines réguliers en
ce siècle, avec un discours sur les habits anciens et modernes tant
séculiers que réguliers, par le P. du Molinet. *Paris, Siméon Piget,*
1616, in-8, rel.

236. **RECHERCHES** sur le commerce, la fabrication et l'usage
des étoffes de soie, d'or et d'argent, pendant le moyen-âge, par
Francisque Michel. *Paris,* 1852, 2 vol. in-4, br.

237. **COSTUMES** civils de tous les peuples avec une notice historique sur les mœurs, usages, arts, commerce, par Maréchal. *Guin-
gamp, B. Jollivet,* 1837, 5 vol. in-8, rel.

238. **DE RE DIPLOMATICA** libri VI, opera et studio Johannis
Mabillon. *Paris, Billaine,* 1681, in-fol., rel.

239. **LE ANTICHITA** della citta di Roma da Thomaso Porca-
chi, *in Vinegia, Giovanni Varisco,* 1580, pet. in-8, couv. parch.

240. **ROMA SUBTERRANEA** novissima sex libris distincta.
Romæ, typis Vitalis Mascardi, 1651, 2 vol. in-fol., fig.

241. **ADRIANI SCRIESKI BODORNI** originum rerumque
lelticarum et Belgicarum libri XXIII. *T'Ypre, François Bellet,* 1614.

242. **PHILIPPI** Cluverii Germania Antiqua. Planches nombreuses
et cartes. *Lugduni Batavorum, anno* 1626, in-fol., rel.

243. **MONUMENTA VADERBORNENSIA** ex historia
romana, francica, saxonica. *Amstelodami, apud Danielem Elsevirium,*
1672, nombreuses figures et cartes, in-4, rel. parch.

244. **LES VRAIS PRINCIPES** de l'architecture ogivale et
chrétienne, par Pugin. *Bruges, T.-H. King,* 1850, gr. in-4, fig.

245. **ARCHITECTURE MONASTIQUE**, par Albert Le-
noir. *Paris, Imprimerie Nationale,* 1852, in-4, br.

246. **ESSAY** on the architecture of the Hindus by Ran Raz. *London,* 1834, gr. in-4, fig.

247. **COURS D'ARCHÉOLOGIE SACRÉE**, par l'abbé
Godart. *Paris, Veuve Poussielgue-Rusand,* 1853-1854, 2 vol. in-8, br.,
nombreux dessins.

248. **VOYAGE LITTÉRAIRE** de deux religieux bénédic-
tins, ouvrage enrichi de figures, *A Paris, Florentin Delaulne,* 1717,
in-4, rel.

249. TRAITÉ PRATIQUE de la construction, de l'ameublement et de la décoration des Églises, par Mgr. X. Barbier de Montault. *Paris, Louis Vivès*, 1877, 2 vol. in-8, br. (*Autres ouvrages du même auteur*).

250. ARCHÆOLOGIA or miscellaneous tracts relating to antiquity published by the society of antiquaries of London. *London*, 1834, 2 vol. in-4, br., fig.

251. ESSAI sur l'architecture des arabes et des maures en Espagne, en Sicile et en Barbarie, par Girault de Prangey, avec figures. *Paris, A. Hauser*, 1841, in-4, rel.

252. COLLECTION de tombes, épitaphes et blasons, par le baron Léon de Herckenrode, de Saint-Trond, *Gand*, 1845. *Fet E. Gyselynck*, in-8, rel.

253. LE VIEUX NEUF, Histoire ancienne des inventions et découvertes modernes, par Edouard Fournier, *Paris, E. Dentu*, 1859, 2 vol., pet. in-8, br.

254. REVUE archéologique ou recueil de documents et de mémoires relatifs à l'étude des monuments et à la philologie. *Paris*, de 1844 à 1869, 51 vol. manque 1re partie de 1864, in-8, br.

255. NOMBREUX volumes et brochures d'archéologie.

256. RECUEIL d'antiquités égyptiennes, étrusques, grecques, romaines et gauloises, par de Caylus, nombreuses figures et cartes, *Paris*, 1767, *Tilliard*, 7 vol. in-4, rel.

257. NOMBREUX volumes d'archéologie égyptienne. — Ouvrage de Champollion, Mariette, etc.

258. JOURNAL ASIATIQUE, ou recueil de mémoires, d'extraits et de notices relatifs à l'histoire, à la philosophie, aux langues et à la littérature des peuples orientaux. *Paris*, 1857, 17 vol. in-8, br.

259. JOURNAL de la société royale asiatique. Mémoires et inscriptions babyloniens et assyriens, texte angl. *London*, 1851 à 1867 incl. 20 vol., in-8, br.

260. HISTOIRE de l'Académie royale des inscriptions et belles-lettres. *Paris*, imprimerie royale, figures et cartes, 1717, 21 vol. in-4, rel.

261. HISTOIRE littéraire de la France avant Charlemagne, par J.-J. Ampère, *Paris*, 1867, 2 vol. in-8, br.

262. HISTOIRE littéraire de la France sous Charlemagne, par J.-J. Ampère, *Paris*, 1868, in-8, br.

263. LA SCIENCE et les lettres en Orient, par J.-J. Ampère, *Paris*, 1865, in-8, br.

264. MÉMOIRES de la société des antiquaires de France, *Paris*, *Dumoulin*, br. in-8.

265. **BULLETIN** de la société des antiquaires de France, in-8, broché.

266. **CONGRÈS** archéologiques de France, années 1833-47 à 1887, in-8, br.

267. **LA VÉRITÉ HISTORIQUE**, par Van-Der Haeghen, *Paris*, 12 vol. in-8, br.

268. **RECUEIL** d'opuscules historiques et archéologiques de feu Mgr Voisin, 7 volumes in-8, fig. *Tournai, 1857.*

269. **OUVRAGES** relatifs à l'histoire littéraire de la France et de l'étranger.

270. **PAULITOVII** Novocomensis episcopi Nucerini. Vitæ illustrium virorum. 1578, in-fol., rel.

271. **REVUE** de l'Art chrétien, publiée sous la direction d'un Comité d'Artistes et d'Archéologues. 1857-1887.

272. **AURELII PRUDENTII** vita per Aldum romanum. *Lugduni,* 1553, in-16, rel.

273. **BIOGRAPHIE** moderne ou galerie historique, civile, militaire, politique et judiciaire. *Paris,* 1815, 2 vol. in-8, rel.

274. **BIOGRAPHIE** universelle ou dictionnaire historique de. hommes qui se sont fait un nom par leur talent, par F. X. de Fellers *Besançon,* 1833, 13 vol. in-8, br.

275. **HISTOIRE** de Charles VI, roy de France, et des choses mémorables de son règne, par Théodore Godefroy. *Paris, Abraham Pacart,* 1614, in-4, rel. parch.

276. **LES DUCS** de Bourgogne, par le Comte de Laborde. *Paris, Plon,* 1849, 3 vol. in-8, br.

277. **HISTOIRE** des Comtes de Flandre jusqu'à l'avènement de la maison de Bourgogne, par Edward le Glay. *Paris,* 1843, 2 vol. in-8, br.

278. **HISTOIRE** de la vie de Mes. François de Salignac, archevêque-duc de Cambray. *Bruxelles, Eugène Henri Frick,* 1724, in-18, rel.

279. **VIE** privée de Louis XV, ornée de portraits. *A Londres, John Peter Lyton,* 1781, 4 vol. in-8, br.

280. **Sous ce N°, seront vendus les ouvrages de biographie et les livres omis de la section d'histoire.**

EXPOSITION PUBLIQUE

LE

DIMANCHE 2 OCTOBRE

DE 10 HEURES DU MATIN A 5 HEURES DE L'APRÈS-MIDI